A. DE CLERMONT.

SALON DE 1874

(Publié dans la *Gazette des Etrangers*).

MAI ET JUIN 1874.

PRIX : 1 Franc.

LA FLÈCHE

IMPRIMERIE ET LITHOGRAPHIE BESNIER-JOURDAIN.

1874

V

A. DE CLERMONT.

SALON DE 1874

(Publié dans la *Gazette des Etrangers*).

MAI ET JUIN 1874.

PRIX : 1 Franc.

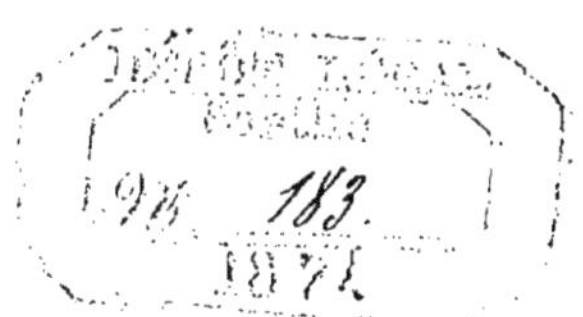

LA FLÈCHE

IMPRIMERIE ET LITHOGRAPHIE BESNIER-JOURDAIN.

1874

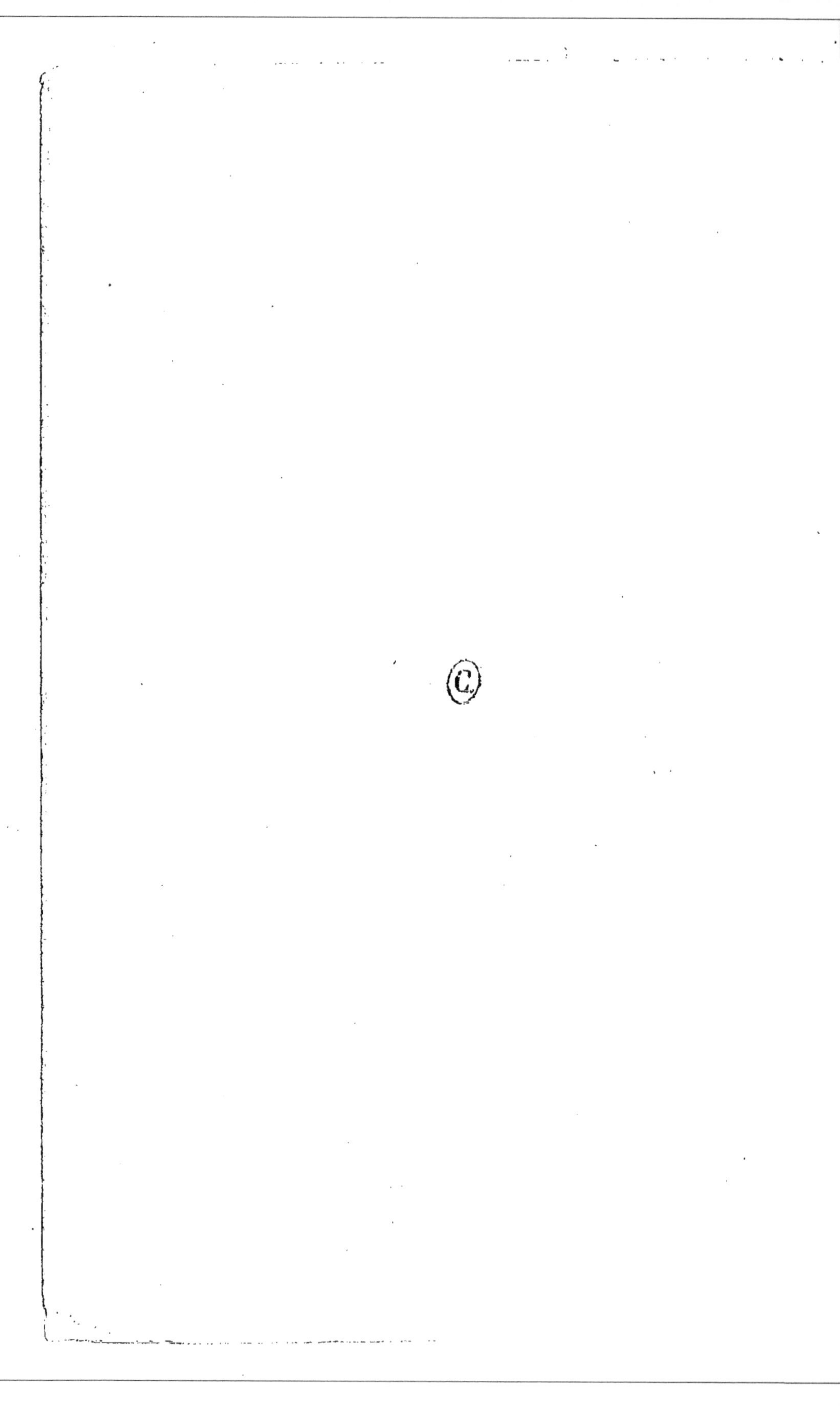

SALON DE 1874

I.

LA VISITE OFFICIELLE.

Le 28 avril, le maréchal-président, accompagné du haut personnel du ministère des beaux-arts, parcourait pour la première fois les salles du Palais de l'Industrie, inaugurant ainsi le Salon de 1874.

Le 29, le cœur palpitant d'espoir, curieux, empressés, les artistes, sous prétexte de vernissage, pouvaient voir pour la première fois la place de leurs œuvres.

C'était la répétition générale de cette grande pièce du *Salon*, qui pendant deux mois attire la foule, défraye toutes les conversations.

———

LE JOUR DU VERNISSAGE.

Le rideau se lève au milieu des échelles, des vernisseurs, des gardiens en blouse blanche; les artistes se heurtent, se coudoient, se reconnaissent, les poignées de mains s'échangent, on se retrouve, on cause, on se quitte, et d'un air affairé on retourne à sa toile pour la faire admirer à ses amis.

Les compliments pleuvent, c'est la monnaie courante de ce jour bien-heureux, tout entier donné à l'espérance.

N'est-il pas permis, en effet, de croire au moins quelques-uns de ces mots flatteurs si chers à l'artiste? Demain, le public viendra, qui détruira peut-être cet échafaudage de louanges et passera froid et indifférent devant cette œuvre de patience et de labeur, que les rêves de l'atelier ont couverte de lauriers et d'or.

AVANT L'OUVERTURE.

Qu'il nous soit donc permis, avant d'examiner ces salles pleines de bonnes toiles, d'expliquer notre but, d'indiquer notre plan.

Pendant longtemps il fut admis que la critique n'appartenait qu'à un petit nombre d'élus, doués du privilège de faire admettre, sans coup férir, leurs jugements au public. Ce préjugé a tué le jury qui, cette année, a joui de son dernier privilège. Le public s'est cabré et a refusé net d'obéir à ces maîtres. Son goût s'est formé, il veut juger par lui-même.

Nons n'avons donc qu'à suivre ce public, à lui donner des nouvelles de ses favoris, à lui indiquer tel ou tel tableau perdu dans la foule, tel débutant modeste, attendant de lui la bienveillance et la vie.

LE NOUVEAU RÈGLEMENT.

Cette année, comme toujours, on a voulu faire du nouveau; ce nouveau est déjà ancien, c'est le rétablissement des exemptions d'une part, c'est-à-dire que tout artiste médaillé ou décoré a droit d'envoyer ses tableaux sans passer par les fourches caudines du jury. Puis, tous les artistes ont pu envoyer trois tableaux, ce qui fait que près de 7,000 toiles ont été apportées, au 20 mars, au Palais, et porte à un chiffre respectablement fatigant le nombre des tableaux à regarder; cela dit, jetons un coup d'œil sur l'ensemble du Salon.

II.

Tout d'abord, en entrant dans le salon carré, on se croit rajeuni d'un an, on croit revoir le même arrangement, les mêmes figures, j'allais presque dire les mêmes tableaux.

C'est que la plupart des artistes semblent prendre à tâche de conserver toujours la même manière, la même couleur, le même dessin, heureux quand ce dessin est bon et original.

Il faut bien aussi rendre justice au jury, c'est qu'il pousse chaque année plus loin son amour de la peinture proprette et soignée, très goûtée du public marchand, très appropriée à nos petits appartements, si soigneusement dorés sur toutes les moulures.

Pour beaucoup, cette discipline est un progrès, tans pis pour les esprits mal faits qui mettent au-dessus de tout l'idée, le mouvement et l'originalité. Le génie mal avisé qui essaierait de s'affirmer malgré ou à travers cette peinture savante et rangée, serait assez mal reçu.

Tel qu'il est, avec ses exécutions habiles, son aspect correct, mais un peu uniforme, le Salon de 1874 peut supporter toutes les comparaisons avec ses devanciers.

LES PRÉFÉRÉS DU JOUR.

Dès qu'on entre dans un salon, on vous accable de questions sur les œuvres envoyées par les favoris de la mode, par ceux qui font prime à la bourse de l'art.

Nous pouvons dire, dès aujoud'hui, qu'ils sont tous à leur poste, presque tous avec trois tableaux; le public ne se plaindra pas, pour ceux-là, de la libéralité du nouveau directeur des beaux-arts.

Ici c'est Protais, avec ses petits soldats toujours aussi crânes ; là, Detaille et ses cuirassiers, pleins d'ardeur et d'entrain ; Bouguereau, avec sa facture polie ; Gérôme, toujours aussi habile ; Bonnat, de plus en plus magistral ; Vibert, spirituel et adroit. Portraits, batailles, tableaux d'histoire, paysages, tableaux de genre surtout, que d'heures à passer pour pouvoir tout voir et tout analyser. C'est pour éviter cette fatigue au public qu'en peu de mots nous chercherons à noter les tableaux les plus entourés, les plus courus.

—

III.

Bon premier sur le turf de la vente, M. Gérôme a trois tableaux qu'on peut classer dans le genre littéraire; très cherchés, très étudiés au point de vue historique.

L'*Éminence grise* nous retrace ce fameux père Joseph, le confesseur, le conseiller redouté même du cardinal de Richelieu. Devant lui, comme courbée par la tempête, s'incline la foule des courtisans avec une servilité exagérée à dessein, mais trop forcée comme mouvement. Nous préférons, de beaucoup, le Frédéric le Grand jouant de la flûte avec tout l'entrain du mélomane enragé décrit dans les lettres de Voltaire. Revenu de la chasse ou de la guerre le *rex tibicen*, le philosophe de sans-souci, se précipite vers une partition et oubliant tout, philosophie et politique, déchiffre avec acharnement un morceau de Gluck ou de Lully. C'est, comme toujours, l'histoire vue par son petit côté.

---

est une de ces personnalités sympathiques, un de ces talents sérieux et chercheurs que le public aime à retrouver à chaque exposition.

Si son Christ, fort admiré, du reste, fait au Salon un effet un peu étrange, si on peut lui reprocher un excès de réalisme, une richesse d'anatomie qui vulgarise et vieillit ce modèle idéalisé que M. Renan, lui-même, intitule le plus beau des hommes, on ne trouve pas moins là une affirmation nouvelle d'un talent incontestable et incontesté.

L'admiration la plus complète accueille le ravissant groupe des enfants de M. Dreyfus, si frais si vivants, si éclatants de couleur dans leurs costumes orientaux.

M. CABANEL,

plus prétentieusement académique, apporte chaque année des portraits annoncés à l'avance avec éclat. Le portrait de la duchesse de Luynes est une œuvre des plus importantes, comme dimension, et surtout à cause de la profonde sympathie que tout le monde parisien porte à ce modèle d'une distinction princière. Pourquoi n'avoir pas compris la poésie de cette jeune veuve d'un héroïque combattant, au lieu d'écraser cette simple toilette noire, ces jolis enfants tout en blanc par les draperies trop lourdes, trop riches, par la massive architecture du fond ?

Malgré les bizarreries de la mode actuelle, les ajustements du portrait de Mme Welles de La Valette sont vivement critiqués par le public féminin du jour de l'ouverture, et nous devons tenir compte de critiques aussi compétentes.

M. CAROLUS DURAN.

Cette année, il n'est plus le peintre de Croizette et l'auteur des portraits à tapage.

Non pas qu'il ait renoncé au plaisir très permis de choisir dans l'écrin étrange et divers qu'on appelle Paris quelque modèle rare et connu, tout à la fois d'une célébrité faite et jeune qui se trahit immédiatement sous l'initiale ; en un mot, une de ces anonymes que nomme leur beauté ; mais dans ce dilettantisme piquant, il apporte une recherche nouvelle, et j'entends par recherche, une délicatesse qui n'est pas sans prétention. On ne peut pas douter qu'il n'ait voulu un type de distinction originale et d'originalité aristocratique. Il l'a trouvé dans cette femme qui fait si bien les honneurs de son splendide hôtel, Mme la comtesse de Pourtalès. Mais il a désiré davantage, et, plus royaliste que la royauté, il a aspiré à dépasser son modèle en grandeur ; et c'est une belle toile que cette femme sévèrement habillée de noir, qui apparaît hautaine ; mais le pinceau du maître n'a-t-il pas, plus hautain que le vrai, compromis la vérité ? Je ne retrouve pas la souplesse aisée et la sérénité sûre d'elle-même que forme justement la distinction du visage, du geste, du regard et de l'attitude... Chose étrange, l'admirable talent de Carolus Duran, qui a quelque chose de trop voulu, en arrive deux fois à des resultats opposés.

Tout le monde se souvint de Mlle Croizette quand il peignait une inconnue, une vision à cheval, qui passe sans dire son nom, et aujourd'hui quand il nous dit ; c'est Mme de Pourtalès, on se souvient de l'ineffable simplicité du modèle et l'on s'interroge.

M. DE NEUVILLE

aura encore cette année un des succès les plus populaires du Salon avec son tableau du Combat sur la voie ferrée.

On entend crépiter la fusillade, tonner l'artillerie. Les mobiles, pleins d'entrain, escaladent le talus à pic ; la mort les attend au sommet et pourtant ils se lancent en avant, insoucieux du danger. Calme, impassible, le commandant est là, debout, veillant au salut de ses hommes, recevant des indications de ce malheureux officier blessé dont le mouvement si juste a inspiré un profond intérêt.

D'un grandiose plein de simplicité, d'une vérité navrante, ce tableau empoigne profondément ; on reste là, ému, attristé. N'est-ce pas le plus beau succès pour un peintre? Au point de vue artistique, comme couleur, comme facture, il y a un grand progrès sur celui du Salon précédent.

M. DUBUFFE.

Ce n'est point par le savoir que pèche M. Dubuffe ; il connaît tous les secrets du métier, il manie habilement sa brosse, dessine très-suffisamment, et pourtant rien de banal, de prétentieusement posé comme ses trois grands portraits. Cela peut très bien faire dans un salon luxueux, mais pourquoi tant de recherche quand

---

M. COT

mettant tout carrément son modèle sur un fond uni lui donne tant de relief acquis par la simplicité seule. Pour nous, sa femme en velours noir est un des meilleurs portraits du Salon. Il a même su tirer parti du costume sévère et monotone de l'officier de chasseurs à pied, bien campé et bien dessiné.

M. PILLE

n'a certes rien d'académique dans le *Pardon aux environs de Guéméné* (Morbihan). Son but est d'arriver à voir juste et à rendre de même. Ce sont bien des Bretons que ces paysans assis sans gêne sur l'herbe fanée, mangeant prosaïquement leur soupe avec un appétit aiguisé par une longue marche. Les amateurs du joli et de l'art de convention trouveront uniforme et monotone cette collection de coiffes sorties toutes fraîches de leur armoire pour le grand jour du Pardon. Qu'ils examinent de près ces figures énergiques touchées franchement par plans, ces costumes d'une exactitude irréprochable, ces mains calleuses bien attachées, bien dessinées, ils reconnaîtront le chercheur dont la place est conquise parmi nos peintres les plus originaux.

IV.

M. VIBERT

sort du même atelier que M. Pille. Mais loin d'imiter certains maîtres de notre école, M. Barrias tient à conserver à chacun de ses élèves sa personnalité ; c'est une des nombreuses qualtés de cet enseignement intelligemment artistique auquel nous devons beaucoup de nos talents les plus jeunes, et en même temps dont la carrière soit marquée des progrès les plus sensibles à chaque Salon. Est-ce assez spirituellement pris sur le vif cette scène intime intitulée : *la Réprimande ?* Est-il assez réussi ce padre à mine rubiconde, s'efforçant de prendre au sérieux le réquisitoire de la vieille mère pour morigéner sévèrement la jolie manola assise en face de lui, dont on dévine et on excuse le joli péché ?

Le portrait de M. Coquelin, de la Comédie-Française, assis sans gêne sur un vaste canapé, supporte dignement le voisinage de ce charmant tableau qui retient la foule.

Le troisième, la *Cueillette des melons*, est placé à l'écart, et c'est prudent ; car il nous paraît inférieur aux précédents.

———

M. BOUGUEREAU.

Ceux qui reprochent à notre époque de manquer de style et de forme n'ont qu'à regarder les toiles de M. Bouguereau : c'est cherché, c'est habilement peint, et pourtant l'excès même de ces qualités laisse froids et indifférents ceux, et le nombre en est assez grand, qui voyent dans l'art autre chose que le fini et la correction. La vie manque à ces chairs trop blanches, à ces femmes trop jolies pour leur nature de paysannes italiennes ; la *Charité* rappelle trop comme arrangement celle d'André del Sarte. D'autres trouveront matière à admiration dans ces dé-

fauts même; mais ne vaut-il pas mieux chercher plus de naï-
veté, moins d'assurance, plus de jeunesse en un mot.

M. DUPRAY.

Ces qualités, nous les trouvons dans la *Visite aux avant-postes*
de M. Dupray. Par une de ces bourrasques de l'hiver de 71, le
général Ducrot et l'amiral La Roncière visitent les avant-postes.
Là, rien de convention, tout est pris sur nature, depuis le sapin
conduit par un franc-tireur, traîné par un cheval dont la bou-
cherie a respecté la maigreur, jusqu'au mouvement peu classique de l'amiral retenant sa casquette et du général luttant
contre le vent. De l'action, on ne se rend pas très bien compte,
c'est un simple fait de la vie militaire, bien vu et bien saisi.

M. MATEJKO.

Un des premiers tableaux qui frappent la vue en entrant dans le
salon carré, est celui de M. Matejko. C'est un épisode de l'histoire de Pologne: Ethienne Bathory devant Psock. Costumes
d'une bizarre richesse, types barbares, étranges d'aspect, armes
couvertes de pierreries, tout le luxe guerrier des pays du Nord;
il y avait bien là de quoi tenter un coloriste habile. Dans cette
étude archéologique, l'artiste s'est laissé entraîner un peu loin;
les seconds plans prennent trop d'importance, et on s'explique
difficilement l'usage de ces énormes plumes d'autruches qui
surmontent la tête des guerriers. Malgré cette critique, il faut
rendre justice à la manière large et hardie dont est brossée cette
grande page historique.

M. FIRMIN GIRARD.

Victime l'an dernier des caprices du jury, M. Firmin Girard
nous revient cette année avec trois bonnes toiles. C'est un nouveau nom à ajouter à ceux qui, cette année, ont pu s'imposer
grâce à leur titre d'exempt à cette institution vieillie, si impopu-

laire parmi les artistes. Nous ne conseillons pas à nombre de membres de ce tribunal sévère pour autrui de placer leurs toiles à côté des *Fiancés*. Il est d'un dangereux voisinage ce tableau rutilant de lumière où les ombres énergiquement accusées font valoir les brillantes lumières de personnages peints dans une gamme fraîche et lumineuse. A travers les arbres, dont l'automne commence à dorer le feuillage, tamise une lumière blonde et chaude, qui s'attache énergiquement aux cassures des étoffes, aux méplats des têtes.

Pour être moins étincelantes, les deux autres toiles du même peintre accusent encore cette année un progrès marqué.

M. LAURENS

est, lui aussi, un coloriste. Les difficultés de la gamme des couleurs l'attirent, le tentent, et il s'en tire souvent avec honneur. Les figures de son tableau de *Saint Bruno refusant les présents du duc de Calabre* ont une grande tournure, beaucoup de caractère; les costumes, largement peints, sont sobres de plis, drapés avec goût. Les têtes sont énergiques, franchement touchées. C'est un de ces tableaux que les artistes aiment à revoir, qui s'imposent au public. Très difficile comme effets de couleur. *Le Cardinal*, rouge sur rouge, a les mêmes qualités d'exécution; mais la tête, par trop ascétique, manque de noblesse, pèche par l'excès même de la solidité de sa facture.

V.

M. FROMENTIN.

Nous manquerions à notre programme si nous ne citions, parmi les premiers favoris du public, M. Fromentin. Depuis de longues années, ce peintre, au talent plein de charme, a conquis son public. Un jour, cependant, les Athéniens se lassèrent d'appeler Aristide le juste, et à force d'être toujours le même, d'avoir les mêmes qualités aimables, M. Fromentin n'obtient plus le succès d'autrefois. Ce sont toujours ces mêmes ciels, pleins de poésie orientale ; les mêmes chevaux d'une élégance cherchée. les mêmes cavaliers habilement dessinés. Mais ces fonds paraissent moins transparents, les chevaux moins bien étudiés ; la facilité même de l'exécution, la simplicité savante de cette peinture distinguée ne fait plus la même sensation qu'autrefois.

Le public veut et cherche du nouveau.

M. KAEMMERER

le lui offre dans sa *Plage ensoleillée*. C'est hardi et téméraire, peut-être, d'aller sur le bord de la mer, par un ciel sans nuage, sans aucune de ces ficelles connues et voulues qui permettent de dissimuler, de tourner les difficultés de la perspective. Copier les toilettes éclatantes de baigneuses élégantes ; le succès a couronné cette audace. Terrain, toilettes, horizon, tout rend également bien une lumière intense ; aussi, voyez comme cette toile claire et gaie attire les passants, retient le regard, au détriment de

---

MADEMOISELLE NÉLIE JACQUEMART,

dont les deux portraits se passeraient volontiers d'un tel voisinage. Ce sont, pourtant, de bonnes toiles ; les qualités habituelles de l'artiste s'y retrouvent, et cependant ils paraissent moins vigoureux de couleur et de dessin. Je les préfère pourtant à l'éternel fond vert du portrait de

M. HENNER.

On a beau trouver là cette facilité de brosse qui indique l'homme arrivé à cette pose banale à force d'être simple, à cette tête peu dessinée et encore moins distinguée ; ce public ne reconnaît plus l'artiste habile et intelligent dont les débuts l'avaient si vivement intéressé.

C'est avec plaisir qu'on s'arrête devant un nouveau venu.

—

M. DUEZ

promet un peintre original et chercheur. Son sujet n'est pas neuf, c'est le vieux thème de *Luxe et misère* ; la lorette dans ses splendeurs en face de la chiffonnière brûlée par l'alcool, à l'œil éraillé, la bouche édentée. Bon dessin, couleur harmonieuse, touche grasse et aisée.

Pourquoi critiquer, après cela, le ton trop faible de la tête de la cocodette maquillée jusqu'au lilas ; c'est vrai, peut-être, mais en peinture cela semble creux et éphémère auprès de la facture puissante des étoffes.

—

M. JULES BRETON.

Las de ses succès précédents, M. Jules Breton a voulu agrandir son cadre, changer sa manière. Au lieu des paysages ensoleillés où il excellait, il nous donne un grand tableau terne et grisâtre d'un bout à l'autre. L'expression de la tête eût pu racheter la vulgarité de la pose, le pittoresque du costume, les tons lourds et gris de la falaise ; au lieu de cela, la tête est en profil perdu, le costume est plus terne encore que les rochers, les pieds, les jambes sont d'un dessin manqué. Qu'on nous rende bien vite le peintre des moissonneurs et de la récolte de pommes. Celui-ci n'est pas le même, voulons-nous espérer. Pour nous reposer de cette grande toile manquée, arrêtons-nous à

M. APPIAN.

Nous connaissions de lui de merveilleux paysages, et, cette année, il expose des marines dignes en tous points de ses précédents succès. Sans se préoccuper des habiletés subtiles de trop de paysagistes d'aujourd'hui, M. Appian se contente d'une facture large et simple ; pas une touche qui ne soit motivée, pas un mouvement, pas une lumière ; ses eaux transparentes, sans être minces, reflètent ce ciel chaud et blond du midi. Cette atmosphère si bien colorée vous réchauffe des froides gelées du matin et des peintures classiques et glaciales de M. Bellanger.

VI,

M. BOULANGER.

Il avait pourtant un beau motif à traiter, la *Voie Appienne*, le rendez-vous de toutes les élégances romaines, le tour du lac de la ville des Césars. Ce ne sont pas des Romaines ces femmes à chignon rouge, à draperies jaunes, ces patriciens guindés rencontrés sur le boulevard ; ce ne sont pas les nègres de la Numidie, ces africains choisis en Algérie ou parmi les turcos. Ce sont encore moins des chevaux de Thrace et d'Epire qui traînent ces chars du Cirque Olympique et qui n'ont ni muscles, ni robes accentuées. Passons, passons vite à un talent jeune et plein d'avenir.

M. CHARNAY

n'a pas été chercher dans l'histoire un sujet prétentieux, il a pris la nature sur le fait, tout le monde a vu cette *basse-cour d'antique manoir* que de jeunes châtelaines animent de leurs fraîches toilettes. Ces vieux murs, d'une couleur excellente, font valoir la coloration fraîche et claire des toilettes printanières. Nous pouvons prédire dès aujourd'hui de brillants succès à M. Charnay, et déjà ses petites toiles, chaque année plus appréciées, sont vivement prisées par les vrais amateurs.

M. PRINCETEAU

est presque encore un débutant. Elève de lui-même, sans conseils, il aborda un jour la peinture et la grande peinture. Et, pour ses premiers pas, il choisit le portrait du *Maréchal Président.* — L'entreprise était hardie, pleine de périls, d'autant plus que les lourdes charges de la représentation nationale laissent

peu le temps de poser à cet illustre modèle. Malgré tout, son
portrait à une grande allure. Le cheval, portant fièrement la tête
au vent, est une heureuse idée et sort du cheval banal des portraits officiels ; il dénote en même temps une étude sérieuse de
ce noble animal faite par un homme qui le connaît et l'aime.
L'attention du public pour cette œuvre venge le jeune artiste
des sévérités du jury de l'an dernier et lui prédit des succès pour
l'avenir.

M. BRION.

Bon dessinateur, coloriste habile, tel fut M. Brion. Mais re-
connaissant à l'excès pour les costumes alsaciens qui lui va-
lurent ses premiers succès, il reproduit trop souvent ces types
honnêtes, qu'il allourdit à plaisir. Ces figures n'ont plus ce dessin élégant que nous vîmes jadis et pèchent par une certaine
gaucherie qui n'est plus ni l'entrain, ni simplicité rustique.

M. CHARLES LEROUX

Trois fois médaillé, officier de la Légion d'honneur, n'en est
plus à compter avec le succès. Malgré tout, il cherche, il ne se
contente pas de faire toujours le même poncif. Ses trois tableaux
nous présentent son talent sous trois aspects différents.

L'*Embouchure de la Loire* nous montre un de ces ciels vigoureusement peints en pleine pâte, tels que Turner et Constable ;
ces grands paysagistes anglais, savaient les faire, tandis que le
second rappelle les paysages grandioses des peintres de l'école
flamande ; le troisième, plus simple, plus bleu, nous montre les
bords calmes et paisibles de la Loire aux environs de Paimbœuf.
C'est à son exemple d'artiste laborieux et consciencieux, à ses
conseils paternels, que nous devons un jeune débutant plein
d'avenir.

M. RENÉ LEROUX

qui annonce déjà les qualités sérieuses d'un coloriste et d'un paysagiste de la bonne école, dans sa belle étude des environs de Paimbœuf.

M. DE NITTIS,

non loin de là, continue sa marche progressive. Elles sont très bien posées ses jolies Parisiennes se risquant, par un froid intense, à faire leur promenade au Bois ; on grelotte avec elles devant la toile et on plaint le pauvre cocher et les chevaux ; très justes d'effet, qui attendent à quelques pas de là les trois promeneuses par cette température sibérienne.

M. DE GIRONDE

a pris cette année le sujet biblique de *Judith*. Il a traité la Bible à la façon réaliste de son maître, M. Bonnat. La pose de Judith, très crâne, trouvera des critiques parmi les adorateurs de la ligne et du style. Mais l'ensemble du tableau, quoique moins bon qu'une femme nue, couverte à demi d'une draperie rouge, que nous avons vue du même auteur, n'en est pas moins d'un coloriste hardi, d'un peintre plein d'entrain et de jeunesse.

VII.

Dans cette énumération très rapide, le critique, essoufflé, n'a que le temps de voir quelques tableaux dans une séance, et ne peut pas s'arrêter à ces considérations esthétiques qui tirent à la ligne et font l'importance de nombre de gens très forts, très compétents, pas amusants par exemple, qui se croient chargés de relever le niveau intellectuel de l'art. Hélas ! tous leurs efforts, tous ceux des artistes classiques et convaincus viennent échouer devant le goût général, les nécessités d'une vie mesquine, restreinte dans de petits appartements, dans de petits ateliers. Il ne faut donc chercher le grogrès de notre jeune école que dans le rendu photographique de la nature ; dans la perspective aérienne qui chaque année est mieux comprise ; dans les paysages, les figures sont en général bien dans l'air, dans les intérieurs, les étoffes dont les détails sont traités avec un soin d'arrangement, de dessin qui flatte notre œil, ami de la symétrie. Où est l'art, le grand art, pour lequel l'artiste convaincu, vit et meurt.... souvent de faim. Cherchons-le à travers ces salles sans fin, et je m'associerai à cette perquisisiton quand j'aurai terminé ma revue. Pour commencer cette recherche, ne citons pas

—

M. MANET.

Non ; on ne peut pas dire que l'art ait de bien grandes rigueurs pour ce peintre audacieux, qui a l'air de railler agréablement son public. Vous voulez de la peinture, dit-il, eh bien ! je ne peins pas, je ne dessine pas, et le jour où vous ne verrez pas mes toiles au Salon vous pousserez des cris de paon, vous redemanderez à voir, quand même, malgré moi peut-être, mes bonnes femmes à peine indiquées, mes têtes à peine dessinées, mais qui vous regardent avec des grands yeux étonnés, profonds, persistants ; vous avez besoin, bon public, de sourire à mes étoffes que vous croyez faites à coups de balai. Soyez heureux, un de mes tableaux a échappé aux barbaries du jury, voilà le *Chemin de fer* qui vous rend votre peintre, je l'appelle ainsi parce qu'on ne voit que la fumée, mais est-elle assez bien vue cette petite dame, habillée de toile bleue, ce baby en blanc partout ? Le public rit, il est désarmé, que demander de plus ?

A ceux qui sont plus difficiles, nous recommandons

M. BROWN.

Ah ! celui-là ne se contente pas des succès qui lui ont souri dès le début de sa carrière artistique. Il cherche, il change de manière, de facture. Avec une brosse qui paraît très facile et dont la facilité même vient d'un laborieux travail, il peint des sujets tous différents les uns des autres. Il a marqué déjà sa place parmi nos meilleurs peintres de chevaux. Malgré cette spécialité, ses figures sont très suffisamment dessinées et de couleur très brillante. Quoique nous préférions le *paysage avec animaux* à la *bataille de Frœschwiller*, cette dernière toile se recommande par un second plan extrêmement bien venu ; l'état-major du maréchal de Mac-Mahon, qu'on voit dans le fond, est traité avec une finesse et une justesse de ton qui rachète cet immense premier plan, où des chevaux de mouvements forcés ne sont pas motivés d'une façon suffisante.

Dans le second, au contraire, le tableau est complet, la composition rappelle les tableaux de Karel Dujardin.

Par une matinée d'été, un dog-cart attelé, conduit par un jeune homme, traverse un gué en compagnie de paysans, de bestiaux, de chiens ; toute la vie de la campagne est là, éclairée, en frisant par un soleil levant. Ce difficile effet, compris d'une façon toute artistique, donne une puissance originale à cette belle toile.

VIII.

Si le but de

M. DAUBIGNY

est de tirer l'œil, pardon de l'expression, de forcer le public à s'arrêter, il y parvient aisément avec son champ de coquelicots ; est-ce assez rouge, assez tapageur ? Nous aimerions mieux plus de simplicité, moins de lourdeurs dans les fonds, en un mot plus de ces qualités qui se retrouvaient il y a quelques années dans les tableaux de ce peintre, dont les premiers succès datent déjà de loin.

M. ROBINET

est de ceux qui veulent copier exactement, et ce n'est certes pas une mauvaise école ; les bleus intenses de ses ciels, le soin avec lequel sont rendus ses rochers aussi bien au premier qu'au second plan, ont pu être critiqués. Mais l'impression d'un ciel sans nuage, les tons cobaltés de la Méditerranée, mais surtout, enfin, les habiletés merveilleuses de l'exécution posent le jeune et sympathique artiste à une place d'honneur parmi les adeptes fervents de la peinture finie et achevée.

M. JACQUES LEMAN.

Pour le promeneur, pour le critique, il n'est qu'une seule manière de voir sans fatigue au Salon, c'est de passer d'une salle à l'autre, ne s'arrêtant qu'où l'œil est frappé, attiré, revenant ensuite à la perle qu'on a découverte dans cette exploration sommaire : c'est ce que nous avons jusqu'ici fait faire à nos lecteurs. Dans la salle L, un des portraits qui frappent le plus c'est le portrait de M. Ramec, une tête de vieillard vigoureusement enlevée sur un fond brun. Ici, point d'artifice, pas d'excentricité de couleur, c'est simple comme les portraits d'Holbein. Les plans de cette tête énergique, franchement indiquée, d'une touche hardie, la pose, les mains, le sombre et original costume ajoutent un nouveau succès à ceux que l'auteur a déjà obtenus. A quelques pas de cette magistrale peinture, un petit tableau de genre, l'*Éducation maternelle*, nous montre l'auteur sous un jour tout différent et tout aussi attrayant.

M. VOLLON.

Avez-vous vu le *Chaudron* de M. Vollon? Est-ce assez vrai? assez enlevé? voilà ce que l'on dit, et il est reçu qu'il suffit de bien rendre un vulgaire accessoire de cuisine pour être un peintre accompli. Eh bien, oui, je trouve des qualités de ton, une hardiesse de brosse très grande chez cet habile peintre de nature morte, et malgré tout je ne puis admirer. Je reste parfaitement froid devant les poissons trop noirs dans les ombres aux lumières métalliques dans les clairs. J'y revois des ficelles connues, toujours les mêmes, et dût-on me trouver par trop classique, ce qui ne m'arrive pas souvent, je me prends à préférer de beaucoup à ce trompe-l'œil vulgaire les natures mortes de

---

M. DESGOFFE.

On a beau trouver ces bibelots trop soignés, peints d'une pâte un peu mince, trop dessiné, j'en conviens. Mais voyez cet amateur de curiosités, comme il est là à chercher la marque de fabrique de ces saxe si authentiques, admirant ces cuivres, ces émaux dont il reconnait la date, voyez comme chaque chose est rendue avec une simplicité qui semble exclure l'idée de travail; comme le tableau s'arrange bien, se voit tout d'abord, sans qu'on ait à chercher les procédés habiles, les hasards de brosse qui ont amené tel ou tel effet.

Nous ne pouvons guère nous arrêter à tous les tableaux de nature morte qui prennent chaque année plus d'importance et d'extension. Passons à de nouveaux tableaux d'histoire. Voici

IX.

M. TONG ROBERT-FLEURY.

Est-ce bien le brillant auteur du Sac de Corinthe qui revient cette année avec cette Charlotte Corday, si froide et si grise?

Vous ne reconnaissez ni le peintre, ni la jeune fille exaltée qui, comme Judith ou Epicharls, se sacrifie pour la liberté et l'humanité. Elle s'exalte à froid à la lecture d'un roman, elle n'a ni la pose ni le geste d'une héroïne convaincue. Dans le tableau de M. Baudry, que nous vîmes il y a quelques années, que la gravure a popularisé, on s'intéressait malgré soi à cette héroïne à peine définie, dans celui-ci, on est obligé de chercher sur le livret une explication qu'on ne trouve pas.

———

M. PHILIPPE ROUSSEAU

Nous ramène malgré nous à la nature morte, on ne peut passer devant ce peintre jadis si puissant sans s'arrêter encore. Sa peinture est encore ferme et solide. Cependant on sent une décadence marquée dans ces accessoires trop secs de son tableau la *Fête-Dieu*. Cette vierge en faïence, ces naïfs ornements d'un reposoir de village, demandaient à être traités différemment, relevés par des effets de lumière plus variés. Le point lumineux manque à ce tableau et il faut chercher la signature pour reconnaître la manière et le talent de son auteur.

———

M. WORMS.

Toujours fidèle à l'Espagne, à ses costumes pittoresques et brillants, M. Worms a fait cette année un *Marché aux chevaux en Andalousie;* de nombreux personnages animent cette toile claire et chaude; au milieu un maquignon bien campé sur un cheval cap de more, rassemble sa monture, tandis qu'il fait sentir par derrière la pointe aiguë du couteau passé dans sa ceinture ; truc habituel à ces industriels les plus trompeurs du monde. De loin, les coursiers, électrisés par de semblables moyens, prennent les poses les plus fières, les allures les plus relevées. C'est vivant, animé, enlevé.

Très réussi aussi ce joli portrait de Berthelier en faraud de village ; touche hardie, spirituelle ; ne parlons pas trop du dessin, un peu négligé. Somme toute, talent bien soutenu, progressant toujours, qu'ajouter de plus ?

M. ALMA TADEMA.

Les extrêmes se touchent, au Salon comme partout, l'A et L. M. Worms et M. Alma Tameda, dans les deux salles voisines, sont les deux antipodes, l'un fort vivant, l'autre mort. Préoccupé de l'archéologie, cherchant à étonner, pardon, j'allais dire épatter son public par une science minutieuse, notez que je ne dis pas exacte, M. Alma Tadena veut reconstruire à la manière de Cuvier l'antiquité la plus reculée ; ce sont les Egyptiens qui l'ont attiré cette année, mais des Egyptiens qui n'ont guère vécu, car les vivants sont aussi immobiles que les morts dans la *Dixième plaie d'Egypte*, celui-ci tout noir tandis que le second *portrait commandé* est tout blanc. Ce genre archaïque doit plaire beaucoup à Londres, mais le Parisien a peine à s'y habituer.

M. ANDRÉ.

Un joli tableau, dans la même salle, est celui de M. André. C'est un épisode du roman de Théophile Gautier, le capitaine Fracasse, brigand pour les oiseaux. Dans un chemin sablonneux et montant, chemine péniblement une voiture de comédiens avec tous les accessoires de leur métier, apparaît le brigand planté au milieu de la route, tandis que des casques, des plumets, des armures et des armes, montés sur des perches, émergent des taillis voisins, manœuvrés par une femme aussi effrayée que Fracasse lui-même, caché derrière la voiture. Tout l'ensemble du tableau se tient bien, est spirituel, intéressant comme le récit du roman ; le geste, le mouvement de chaque figure est approprié à son action. Encore un débutant d'avenir qui comptera cette année un nouveau succès.

—

X.

M. GUSTAVE DORÉ

tient absolument à être peintre au lieu de s'en tenir à son magnifique talent de dessinateur, il veut devenir un coloriste. Passe encore pour son grand tableau des *Martyrs chrétiens*. C'est un effet de nuit qui se rapproche considérablement d'un dessin au fusain. Mais s'attaquer à la nature alpestre, chercher à rendre les sombres perspectives des forêts, voilà où l'artiste fait fausse route ; habitué à la monochromie du dessin, il met partout le même ton et innonde de vert émeraude les arbres, les troncs, le terrain, les rochers ; c'est une belle couleur que ce vert, mais tant que cela c'est trop, beaucoup trop. Dans le souvenir des Alpes, au moins, la tache blanche des rochers rompt un peu cette uniformité ; mais malgré tout M. Doré, en peinture, ne rattrapera jamais l'illustrateur admirable du Dante et de Rabelais.

M. MAX CLAUDE

est sans contredit un de nos meilleurs peintres de chevaux, il réussit aussi parfaitement ses figures. C'est bien le cachet gracieux et nonchalant des amazones svelte et élégantes qui animent le matin les allées de Hyde-Park et rentrent pour l'heure du déjeuner à Rotten-Row. C'est bien la couleur du lourd ciel britannique, les tons gris d'un sol charbonneux. Comme les chevaux sont bien vus, pas de brillants trop durs, pas de mouvements forcés, c'est l'allure raide, un peu allongée du cheval pur sang, sans convention, sans parti pris. C'est surtout dans le petit tableau de *Conversation* qu'on juge le mieux ces qualités de dessin, en même temps que les fonds bien à leur place de la promenade à Hyde-Park sont d'une justesse parfaite d'impression. Auprès de ce talent très sérieux, il ne faut pas trop regarder les chevaux de

———

M. GOUBIE.

Au premier abord on les trouve bien étudiés, l'amateur reconnaît les formes extérieures ; mais, à un examen plus sérieux, hélas ! que de qualités s'évanouissent.

Les figures sont toutes sur le même plan, les fonds viennent trop en avant ; peints d'après les procédés de M. Gérôme, les chevaux manquent de vie, d'action, d'entrain, et on reconnaît que les peintres de chevaux sont de plus en plus rares au Salon, et les sportsmen, désespérés, demandent avec anxiété qui pourra, comme Herring ou Laudseer reproduire les performances de leur favoris, des héros du Grand Prix, des vainqueurs du Derby ?

Nous n'avons point oublié, parmi les paysagistes les plus cherchés du public, les plus courus dans les ventes.

———

M. COROT.

Mais il nous semblait pénible d'avoir à critiquer un peintre aussi sympathique, aussi arrivé, puisque le mot est consacré. La critique du reste n'est pas neuve, et nous l'avons dit en commençant, applicable à trop d'artistes. Rien de plus exact que les tons fleurs et prés des paysages de M. Corot, le matin et le soir, par une brume d'automne. Mais envelopper ainsi de gaze toute la nature, à toute heure, en tous pays, semble n'avoir pour but que de vaincre certaines difficultés de rendus ; il a fallu toutes les sécheresses, toutes les subtilités de rendu de l'école de MM. Gérôme, Boulanger, Bouguereau, etc., pour faire aimer cette école de l'a-peu près dont M. Manet est la dernière expression.

M. FRANÇAIS

tient un juste milieu entre les extrêmes, mais lui aussi sent son
pinceau se fatiguer, malgré lui il revient aux mêmes paysages,
aux mêmes tons, aux mêmes nymphes lilas. On sent l'homme de
talent, mais aussi la convention, l'arrangement ; ce n'est pas le
but du paysage.

———

M. PALIZZI

a fait le sien d'après nature, il a vu ces grands bois qu'il peint à
la manière d'un décors, d'une touche enlevée peut-être, trop né-
gligée certainement ; élargissant son cadre, il eût dû aussi
mettre sa manière à l'unisson, les premiers plans eussent gagné
en relief, les autres auraient eu moins de sécheresse dans les lumières blanches, blafardes, presque métalliques, et les fonds
seraient restés ce qu'ils sont, fins, fuyants et transparents ; encore une erreur d'un peintre habile, qui s'était fait, avec des
animaux admirablement étudiés, une réputation méritée.

———

XI.

M. PABST

Choisit de préférence les types de l'Alsace, mais il prend les plus distingués et ne les alourdit pas sous prétexte de réalisme; ses trois tableaux sont jolis de couleur et de composition.

—

M. HÉBERT.

Pendant longtemps M. Hébert avait remporté de nombreux succès avec des tableaux originaux d'une facture à lui, d'une composition bien ordonnée, d'un arrangement bien compris; un jour il fut proclamé membre de l'Institut; les honneurs lui enlevèrent-ils ses qualités premières? Le public se désintéresse à lui, et son portrait de cette année ne fera pas plus de bruit que ses œuvres précédentes. Quand donc fera-t-on à part une exposition annuelle des œuvres des membres de l'Institut qui sont si humiliés d'être confondus avec les débutants? luttant entre eux, ces messieurs trouveraient peut-être la lutte digne d'eux, se donneraient la peine de dessiner et de peindre, et les artistes moins arrivés auraient quelques places de plus et quelques dédains de moins. Le public y perdrait peu, car depuis longtemps il recherche la vie, la jeunesse, le mouvement, le nouveau surtout, et tout ce qu'on a essayé de faire jusqu'ici ne lui a rien donné de ces rares qualités.

—

EMILE LÉVY.

Très préoccupé du style, M. Lévy veut faire distingué, dessine bien, peint de même. Son *Amour et la Folie* est bien composé et serait encore mieux si les deux jambes parallèles des deux figures ne donnaient un mouvement trop symétrique à cette composition bien arrangée.

Son homonyme,

M. HENRI LÉVY

a certainement pour objectif l'imitation de Delacroix, moins le nerf et la couleur ; le Jupiter dans son Olympe n'est pas plus un Jupiter que le Christ de M. Bonnat n'est un Christ ; la tête manque de noblesse, d'étude de l'antique ; la composition se balance peu, mais ces défauts sont rachetés par des qualités réelles de couleur et de style.

M. MUNKASKI.

Dans la vie comme en peinture, il est des gens qui voient tout en noir ; M. Munkaski est du nombre, en peinture, du moins. On ne peut pas nier que ces violentes oppositions ne soient d'un grand effet, donnent un puissant relief au tableau et aux figures. Nous préférons, toutefois, le *Mont-de-Piété*, plus clair, aux *Rôdeurs de nuit*, d'un noir trop uniforme.

M. DE LA FOULLHOUZE

s'est bravement relevé de son échec de l'an dernier et vient affirmer une fois de plus que les condamnés du jury ne s'en portent pas plus mal. Rien d'élégant, de profondément parisien, comme son dimanche à Bellevue ; les figures, fort coquettes, sont enveloppées d'air, les toilettes très bien rendues, suffisamment étudiées, se drapent bien, sans avoir cette raideur de plis trop apprêtés, qu'affectent, sous prétexte de science, un trop grand nombre de peintres.

M. LOBRICHON

a décidément un faible pour les enfants pleurnicheurs. C'est une jolie idée que son *Bagage de Croquemitaine*. Ont-ils l'air assez désolés, ces pauvres petits êtres entassés dans la hotte du terrible épouvantail de toute la marmaille; la tête du petit enfant essayant à sortir de cette redoutable prison est franchement et habilement peinte, dénote une profonde connaissance du métier, une grande habileté de brosse, qui dégénère en défaut dans les deux autres toiles.

M. MICHEL LÉVY.

Ce nom porte décidément bonheur aux artistes; celui-ci est surtout, avant tout, désireux de voir juste, de bien copier; il prend son modèle dans la vie de chaque jour et le rend avec une rare justesse de vue, un aperçu excellent. Le *Square Marigny aux Champs-Elysées*, comme la *Jeune fille arrosant des fleurs*, ont bien ces tons gris et fins que nous voyons trop souvent sous nos ciels tempérés.

XII.

M. HUMBERT

continue à faire de la peinture religieuse à la façon réaliste. *La Vierge, l'Enfant Jésus et Saint-Jean-Baptiste* n'ont peut-être pas le caractère religieux de l'Ecole péruginesque. Cependant, le style en est plus élevé, le dessin plus noble que les précédentes compositions de l'artiste.

—

M. HEULLANT

affecte aussi une distinction de dessin et de peinture dont il faut lui tenir compte; la couleur est éclatante, originale, ses procédés nouveaux souvent heureux. Qu'il prenne garde, cependant, de devenir maniéré. *L'Offrande à Vénus* est déjà bien tourmentée de mouvements, bien compliquée de détails; sa statue, d'un jaune trop ardent, nuit considérablement aux figures.

—

M. GUÉS

adapte une facture large et solide à des tableaux microscopiques. *Jacquemin Gringonneur, inventeur des cartes à jouer,* est un de ces petits intérieurs traités avec une couleur très intense, trop violente dans les fonds.

—

M. MEISSONIER.

Si M. Meissonier, le père, dédaigne des succès qu'il n'a plus à conquérir, son fils, en revanche, nous donne trois tableaux, et quels tableaux ! Je ne dis rien du *Fripier*, qui n'est pas bon,

3

mais on retrouve dans la figure du milieu une touche habile qui rachète la couleur uniforme du tableau. Mais quand on regarde le *Couvent de Saint-Barthélemy à Nice*, on a peine à croire que c'est sérieusement qu'un artiste a pu peindre ainsi un paysage et des maisons dignes des boîtes de jouets expédiés jadis de Nuremberg, murs de sapins, légumes de cire, figures d'une insignifiance rare.

M. ALBOY,

Dans un même genre, nous présente des qualités toutes différentes ; *Un parti avantageux*, tel est le titre de ce spirituel tableau ; très bien trouvée, la pose pleine de suffisance du futur gendre, dont le beau-père, enchanté d'avance de si bien caser sa fille, détaille avec complaisance les qualités...... sonnantes. Les expressions sont justes sans être forcées, les mouvements naturels, la couleur agréable, et, chose digne de remarque dans ces tableaux d'intérieur si communs au Salon, les fonds sont bien à leur place, la perspective bien observée.

M. BUSSON

a depuis longtemps une place distinguée parmi les meilleurs paysagistes ; les *Anciens fossés du château de Montoire* appartiennent à ce genre de paysages terminés, vus simplement et largement, dont, malheureusement, on trouve trop peu d'exemples au Salon.

M. BEYLE

est un de nos plus habiles coloristes. Trois bons tableaux ; *Combat de tortues*, la *Part du maître*, la *Collation*, viennent encore s'ajouter au succès de ses tableaux précédents.

LES FEMMES PEU VÊTUES.

Tous les ans, un certain nombre de bons talents d'atelier tiennent à affirmer leurs capacités par des figures nues plus ou moins grandes.

Pour cela, tous les motifs sont bons : on regarde moins au sujet qu'à la couleur et au dessin. La mythologie, l'histoire grecque sont les sources privilégiées auxquelles ils puisent de préférence ; aussi les *Satyres*, comme ceux de M. Priou, abondent ; ceux-ci sont l'œuvre consciencieuse d'un bon élève de M. Cabanel ; ou bien encore ceux de M. Gervex, dont le sujet est mieux trouvé et la composition plus mouvementée.

La *Séléné* de M. Machard semble une fresque décolorée ; c'est peut-être bien à l'école de Rome, dont M. Machard est un bon élève ; pour le public, c'est froid, incolore autant que la *Naïs* de M. Laurens est rose, transparente.

La *Jalousie au sérail* de M. Cormon est un drame intime composé d'une façon assez bizarre. La femme brune, à plat ventre, qui regarde avec joie le résultat de sa vengeance, offre des difficultés énormes de raccourci que cette solide et lourde facture ne peut rendre.

Nous voilà ramenés à la grande figure nue de M. Carolus-Duran, *Dans la rosée*. Elle est fraîche et rose comme le printemps, cette jeune fille dont la tête est si jolie. A cette peinture par trop finie nous préférons l'individualité des précédents tableaux de cet habile artiste ; mais, malgré tout ce qu'on peut en dire, et la critique est toujours facile, c'est une des meilleures figures du Salon de cette année.

La *Chasseresse* de M. Dupain, le carquois sur l'épaule et les flèches en main, est d'un très joli mouvement, plein d'entrain dans sa pose risquée.

———

Le *Réveil* de M. Lefort est aussi raide que celui de M. Luminais est blond et vigoureux ; la structure anatomique de cette dernière figure, copiée d'après un modèle svelte et élégant, est consciencieusement étudiée quoique d'un mouvement un peu tourmenté.

———

L'*Aréthuse* de M. Legros est d'une autre époque que la nôtre ; la *Chaste Suzanne* de M. Lebihan est par trop moderne ; son geste est naturel, un peu vulgaire, sort même de la réserve académique.

———

Si nous n'admirons pas sans réserve le portrait de M. Henner, sa *Madeleine dans le Désert* et son autre tableau académique semblent prendre à tâche d'éloigner le public ; peintes avec une uniformité d'empâtement qui donne aux chairs la solidité du bois, leur composition ne rachète pas les défauts de la peinture.

———

Le *Sommeil*, de M. Guays, a des qualités réelles de couleur.

Ces qualités, M. Gaultier pourrait peut-être les avoir, mais il s'attaque à des difficultés sérieuses, desquelles il faut une science bien grande pour pouvoir se tirer.

———

A côté de cette femme trop dans l'ombre, la *Charmeuse de Serpents* est bien blanche ; l'*Etude de Femme* de M. Julian cherche, au contraire, à se rapprocher de la couleur de Rubens, terrible critérium pour celui qui ne peut que de s'inspirer de la couleur du roi des coloristes.

———

La grande composition de l'*Offrande* de M. Lecadre vise à la grande peinture. Bien peinte quoique d'un aspect grisâtre. On reconnaît trop les modèles parisiens employés par l'artiste.

—

M. Bourguerau est trop bien posé près du public pour n'avoir pas de nombreux imitateurs. Parmi les meilleurs, citons M. Perrault. L'*Amour rebelle* est une jolie idée, pas nouvelle, mais enfin c'est une idée, chose rare aujourd'hui.

—

Encore un *Joseph et la Femme de Putiphar ;* voilà un sujet qui n'a rien de neuf. Cependant, l'artiste l'a rajeuni par un arrangement fort nouveau ; bien nature, le Joseph dans sa pose assez.... embarrassante, joli mouvement de tête de la femme enivrée.

—

Aspasie, de M. Charbonnel, pose et dogmatise. Au milieu de têtes bien étudiées, courbées sous le joug d'une beauté chantée des poètes, qu'on se figure plus belle même que ce modè'e qui n'a rien de la beauté grecque si pure de lignes, tant idéalisée par les sculpteurs.

—

Après cette revue rapide de ces tableaux, pour le moindre desquels il faut beaucoup de longues et pénibles études, passons vite aux grands tableaux d'histoire pour revenir à la peinture de genre que préfère décidément le public.

—

LA GRANDE PEINTURE.

Quand nous employons ce terme, c'est surtout, avouons-le, la dimension de la toile que nous voulons désigner. Il faut bien reconnaître, en effet, que ce qu'autrefois on appelait la grande peinture, le grand art, que représentaient en Italie Paul Véronèse, Léonard de Vinci ; en France, les Lebrun, les Jouvenet,

les Mignard ; plus tard même, Delacroix, Ingres, etc ; la grande
peinture n'est plus qu'à l'état de souvenir.

Pour le grand art, il faut la passion, la croyance, la lutte ;
aujourd'hui, on appelle cela de grandes machines, on donne
une récompense honnête à l'auteur consciencieux d'un *travail*
de ce genre et on le prie de ne plus recommencer.

Voyez d'abord la peinture religieuse, on prend un modèle d'a-
telier quelconque, beau ou laid, on l'habille en Christ, en Jupiter, en Vénus, on soigne derrière un fond des plus compliqués,
on cherche un titre dans l'histoire ou dans la mythologie. A-t-on
fait un tableau d'histoire, un tableau religieux ? Non, mille fois
non.

Ce n'est pas le *Saint Jean-Baptiste* aux chairs terreuses de M.
Cabanel qui nous fera changer d'avis, et encore moins la *Mort
d'Abel* de M. Pierre Cabanel, grande composition à l'usage des
élèves d'un atelier classique. Au moins, MM. Grellet, dans leurs
tableaux religieux, semblent comprendre et prendre au sérieux
ce qu'ils font. Ils ont voulu choisir les types de la Bible, Ils ont
suivi la tradition, c'est déjà beaucoup, et nous n'avons pas
le droit d'être exigeants par le temps de réalisme qui court.

M. Glaise a une grande composition intitulée : les *Cendres*,
costumes très étudiés. Comme histoire, est-ce vrai ? Pas de questions indiscrètes ; cependant, je me demande pourquoi les têtes
sont généralement si fortes sur ces corps trop minces. Parlerons-
nous des Christs de M. Leofanti ou de M. Durangel ? Non, ce sont
des essais, des efforts malheureux d'hommes de beaucoup d'ac-
quit (?). Mais enfin, ce malheureux *Christ lumineux* est d'une
bien étrange couleur sur son fonds de bitume.

Pour la peinture d'histoire, voilà où toute classification d'histoire devient difficile. Appellerons-nous peinture d'histoire la
Mort de Colligny de M. Gide, avec ses costumes de théâtre et ses
poses cérémonieuses ; ou l'*Eros* incolore de M. Lecomte du
Nouy, la *Pénélope* de M. Lecomte Vernet, ou bien seulement la
frise sur fond bleu faïence de M. Ehrman, qui n'y va pas de
main morte, puisqu'il entreprend de personnifier la *Grèce*,
Rome, les *Barbares*, le *Moyen-Age*. Voilà de l'histoire, de l'art,

au livret du moins. Sur la toile, c'est différent : les barbares, le moyen-âge, passe encore ; mais la Grèce, le pays de la ligne et de la forme, du beau, en un mot ; l'Italie, Rome, la reine du monde ? je les cherche en vain. Est-ce de l'histoire ; aussi, ce cheval de Troyes, dont la carcasse est si bien trouvée, le sujet traité d'une façon nouvelle ; il faut avouer cependant que les Troyens étaient bien naïfs d'accepter ainsi et d'admettre dans leurs murs cette énorme machine de guerre. Heureusement que voici un élève de Lethière hors concours, du reste, qui vient faire ressortir le progrès fait par l'art moderne sur l'école de ce temps déjà lointain. Ne riez pas de ce soldat de fer blanc qui regarde de loin le *Dé-vouement des bourgeois* de Calais ; peut-être l'auteur fut-il un des bons talents parmi les élèves du maître d'alors. Si vous trouvez que ce tableau manque de mouvement, passez au *Néron* de M. Musini. Notez : c'est Néron, non pas un tragédien de septième ordre de province qui fait ces gestes déclamatoires. Et si vous voulez rentrer dans l'histoire vraie, arrêtez-vous devant le tableau à M. Lucien Mélingue : *Messieurs du Thiers avant la séance royale, le 23 juin 1789*. Voilà un artiste qui promet, qui comprend cette époque ; les poses, le geste, le costume, tout y est, jusqu'à cette pluie battante qui tombe sur les parapluies rouges, luxe d'alors.

M. Parrot, lui, au contraire, nous ramène à la mythologie, à ce fameux *Jugement de Pâris*, tant rebattu, si profondément difficile à aborder après les maîtres qui l'ont traité. Ce ne sont pas plus des dieux que Désiré ou Léonce dans la pièce d'Offenbach, et encore ceux-là nous font rire, tandis que ceux-ci sont tellement embarrassés de leur situation qu'on sent l'effort, la fatigue du peintre et du modèle, l'ennui, en un mot, devant cette toile vermicellée.

Au moins, le *Prométhée* de M. Ranvier est peint à la manière de tout le monde ; la composition se ressent de la manie de mettre partout des Alsaciennes ; c'est probablement une allégorie très touchante, une variation nouvelle de cette éternelle composition de ceux qui visent à la peinture d'histoire, que ces deux jeunes filles costumées à la moderne, assistant au supplice du classique vaincu. Le *David victorieux* de M. Elie Delaunnay vise au dessin ; il est bien campé, d'un beau mouvement, d'un ton bien terne, par exemple.

Parlerons-nous de la grande pseudo fresque grise de M. Puvis de Chavannes ? Le sujet est tellement compliqué que, sans le livret, on comprendrait assez difficilement. Il faut pourtant reconnaître qu'à part ces effets bizarres, cette lumière étrange, cette grande peinture décorative ne manque pas d'un certain caractère et a surtout un parti-pris d'originalité qui tranche heureusement sur les imitations de notre école de pastiches.

—

XIII.

sont peu nombreux et diminuent chaque année. Nous n'avons plus de victoires à célébrer et la dernière guerre fut trop triste et trop fatale à notre pays pour que les peintres aiment à en retracer les douloureux épisodes.

En dehors des tableaux à succès cités plus haut, quand nous aurons mentionné la *Grande charge des Cuirassiers* de M. Castellani, du Salon carré, pleine de bonnes intentions, mais forcée de mouvement, surtout pour le Turco se livrant, avant de mourir, à des gestes de fantasia.

Les jolis petits soldats de l'*Alerte* de M. Protais, si lestes, si vivants dans un paysage très étudié, sont de beaucoup préférables à ce *Souvenir de Metz*, emphatiquement composé, à la couleur froide et grise. Que dire des *Funérailles du Drapeau* de M. Massé ou des *Morts en ligne* de M. Lançon, ou bien encore des *Batailles de l'Hippodrome* de M. Beaume. Ce n'est, hélas! ni de l'art, ni de l'histoire. Les *Oiseaux de Proie* de M. Calliac, avec la *Bataille du Mans* de Lionel Boyer, rachètent par le choix et l'intérêt du sujet les inexpériences de l'exécution ; la seconde surtout, si elle pèche par une ordonnance qui sent trop l'école, attire la foule par l'entrain de ses zouaves pontificaux, si nobles dans leur héroïque mouvement. Ne parlons pas non plus de deux tableaux, *dans la fumée*, de M. Dumaresq et passons aux

XIV.

Là, au moins, la tâche du critique devient d'un intérêt tout nouveau ; plus de discussion de style, d'école, le but c'est de bien voir, bien comprendre la nature. Notre génération, si elle ne laisse pas sa trace dans la peinture d'histoire, aura fait faire un pas énorme au paysage. Chaque année, nous remarquons un progrès sensible parmi les paysagistes qui se rapprochent chaque année davantage de la nature.

En commençant donc par les salons du fond, voyez les deux paysages de M. Zuber, surtout *Près de la Ferme* (Normandie). Site bien choisi et bien rendu.

Le splendide paysage de M. Vahlberg, *Bois de hêtres*, à Durchaven, environs de Copenhague, plein de lumière et d'effet, vous frappe ensuite par sa facture très simple et très puissante à la fois.

Devons-nous admirer davantage chez M. Ivan Marcke le paysage si large et si facilement peint où les animaux sont d'une surprenante justesse de couleur et de dessin. Dans *la plaine*, nous préférons les animaux, les plus *nature* certainement de tous ceux du Salon.

Il faut un long et patient labeur pour conduire à bonne fin une énorme toile comme celle de M. Pelouse, *A travers bois, Matinée d'octobre*. Cependant, ces détails multipliés nuisent à l'ensemble général de ce grand paysage.

M. Karl Daubigny suit la trace de son père et se rapproche de sa manière ; qu'il prenne garde d'en prendre le côté lâché et peu fini.

Deux bons paysages de M. Defaux sont à l'entrée du salon carré : le *Chaos à Villers-sur-Mer* et les *Bouleaux, forêt de Fontainebleau* ; mais leur facture trop lourde nuit à l'effet général,

M. César de Cock se maintient à la hauteur de sa réputation : trop de vert, par exemple ; c'était l'écueil dangereux présenté par cette végétation de printemps, uniforme, dans le bois surtout ; ce n'est donc pas à ce reproche que doit s'arrêter la critique.

Non loin de là, M. Xavier de Cock rend très bien le soleil de juillet à travers les arbres d'une forêt, dans ses *Moissonneurs*.

M. Deneullin, un peintre peu compris de nos graves et importants jurés, a choisi une *Matinée de décembre* ; le paysage est très bien rendu, dans une tonalité grise, froide : on gèle devant sa toile et on goûte, avec le *Chasseur au repos*, les douceurs de ce feu en plein air.

Ce n'est pas d'aujourd'hui que nous admirons le style et le caractère des paysages de M. Castan, d'une couleur excellente. Encore une toile bien vue que la *Mare d'Epreville* (Seine-Inférieure), de M. Dieterle : c'est bien la verdure grasse et puissante de la Normandie. Bien vue aussi la *Vallée de Gernay* (automne), de M. Albert Girard, quoique l'harmonie générale y soit acquise par une uniformité de ton qu'on voit rarement dans la nature.

M. de Knyff est de ces paysagistes qui, modelant dans une pâte blonde et claire, cherchent la lumière et y arrivent. Très clairs encore, très limpides, les ciels et les eaux de M. de Megrigny : *Bateaux lavoirs* et un *Bac sur la Seine* : peinture très habile et très franche.

D'une facture plus large, plus savante, d'une perspective aérienne très bien observée, les paysages de M. J. Japy, *Une coupe de chênes*, comme ceux de M. Jacomin, ils se recommandent par l'enlevé de la touche et la puissance de la couleur.

Encore un très bon paysage de M. Gosselin. Le *Champ de blé*, de M. Kreyder, étincelle sous le soleil de la canicule : brillants, sans exagération, fleurs et premiers plans étudiés avec soin. C'est un des tableaux les mieux réussis de ce Salon.

Quand nous aurons cité ensuite le *Pont Louis-Philippe* de M. Mols, son *Avant-port du Hâvre*, le *paysage* de M. Lansyer, les

Moulins de Monte Carlo de M. de Mortemart, nous aurons passé en revue la plupart des paysages du Salon, où le rôle de critique est de louer plutôt que de chercher les défauts.

Nous ne voulons pas parler de trop de toiles où la mention hors concours dénote chez leurs auteurs une profonde décadence et vient confirmer les vives critiques adressées au nouveau règlement de l'Exposition : n'eût-il pas mieux valu mille fois restreindre le nombre des tableaux à proposer même et surtout pour les peintres hors concours ou exempts pour faire place à des talents plus jeunes, encourager des débutants, admettre, en un mot, l'élément nouveau, original et personnel, au lieu de faire assister le public à la décadence et au déclin de talents fort honorables à une époque qui nous est inconnue, pour laquelle nous ne pouvons ni nous intéresser ni nous passionner.

Cela dit, revenons à la peinture de genre dont beaucoup d'artistes encore réclament et méritent notre attention.

XV.

M. RIBOT

a, cette année, amélioré son genre ; il pastiche toujours, il est vrai, Herrera et Zurbaran, à ses blancs habituels, il a cette année ajouté quelques taches de rose ; ce n'est pas même avec ce moyen qu'il peut espérer devenir coloriste ; on doit cependant reconnaître à ses tableaux un caractère et une vigueur de ton que n'atteignent que rarement des peintres plus habiles.

M. DELORT

n'est ni exempt, ni hors concours. Il promet de gagner aussi bientôt ses éperons avec ses *Maraudeurs*. La scène se passe à Bâle, croyons-nous, près d'une de ces pittoresques fontaines dont est semée la ville ; des lansquenets viennent près de la fontaine, chargés du fruit de leur incursion, courtiser des jeunes filles qui leur répondent lestement à en juger par la pose extrêmement nature du reste de la jeune femme, au costume brillant et élégant, qui descend en gouaillant les marches de la fontaine, c'est une vaillante commère et à qui on pourrait appliquer la première phrase de la ronde de Madame Angot... *Pas bégueule,* etc...

Puisque le nom de cette pièce si courue est venu sous notre plume, nous sommes forcés de convenir qu'elle a eu son influence sur les arts, et, depuis son succès, les costumes du Directoire ont abondé à tous nos Salons.

M. FERNANDIZ

nous envoie même de Rome ces grotesques costumes animant un intérieur d'atelier romain, atelier splendide, indiquant bien

plus un collectionneur qu'un artiste; traité à la manière brillante de son maître, M. Fortuny, dont on ne retrouve cependant
là ni la verve, ni l'originalité. Comme lui

M. PASCUTTI

prend les mêmes costumes qui semblent déstinés à faire le tour
de l'Europe, presque toujours de la même coupe, semblant sor-
tis du même atelier. Les siens sont très finement étudiés, touchés
d'une main habile, dans les *Bulles de Savon ;* bien dans l'air,
très fin de ton dans la *Partie de campagne.* Dans ce dernier, il y
a une variante ; ce sont toujours les tailles courtes et les robes
étriquées de l'époque consulaire auxquelles l'artiste a ajouté le
chapeau paméla de 1830.

M. CHARLES MOREAU

met plus de diversité dans ses habillements. Sa *Sortie du Bal
masqué* a bien aussi l'inévitable costume d'incroyable au premier
plan ; mais il y ajoute un grande variété d'autres personnages,
de très jolie couleur et d'ajustements très distingués. Plus
simple, la promenade du même auteur a de plus un fort joli
paysage de printemps ; le fond est très fin, d'un gris blond fort
harmonieux.

Les costumes de l'*Aubade au chef,* de

M. LESREL

appartiennent au seizième siècle. Sont-ce des routiers, sont-ce
des soldats commandés par cette femme aux cheveux d'un rouge
usité seulement chez les élèves et les amis de M. Gérôme, mais
peu répandu dans la nature. — Comme détails, cette toile, très
soignée, n'offre rien à redire ; mais toujours le défaut dominant de
ces peintres soigneux, les fonds viennent trop en avant et les
figures, de loin, finissent par paraître faire partie d'une tapisse-
rie du temps.

M. LOUSTAUNEAU

traite les personnages plus accessoirement, et son *Frère prêcheur* a certes moins d'importance que son paysage peint avec un soin qui n'exclut ni la couleur, ni la perspective ; le ton général est très juste, vu avec sincérité ; c'est un grand progrès et bientôt un succès pour ce jeune et consciencieux artiste.

—

XVI.

M. LENOIR

appartient à l'école des coloristes ; les étoffes les plus brillantes,
les accessoires les plus riches tentent son pinceau, si bien qu'à
distance les figures sont sacrifiées à ces couleurs ardentes, ces
ornements empruntés au luxe de l'Orient. Certes, l'esclave
blanche a bien l'air de regretter sa patrie, de gémir de tout
cœur sous le joug de cet affreux nègre ; mais, somme toute, elle
n'est ni belle, ni distinguée, et on s'appitoye moins sur son sort
que sur celui d'une créature plus poétique et plus distinguée.

Très brillantes aussi les toiles de

M. CORTAZZO.

la *Fantaisie Japonaise*, très simple de composition, vaut mieux
que les *Marionnettes*, trop détaillées à notre avis.

M. CHAVET

a presque abordé l'histoire. *Henri III à Saint-Cloud* est un sujet dont les costumes si caractéristiques de cette époque tentent
les artistes ; mais ces jaunes criards, ces tons heurtés détruisent
une harmonie qu'on était habitué à voir dans la plupart des tableaux de ce peintre.

M. CHATAUD

est un orientaliste convaincu. A voir son *Retour de la Fantasia*,
on reconnaît les types favoris de toute cette tribu de peintres qui
vont chercher en Orient le soleil et la lumière. Pourquoi, par

exemple, dessiner toujours des chevaux arabes de fantaisie, au lieu de copier les admirables types des chevaux du désert.

***

M. CASTRES

a trois tableaux de genres tout différents. Le meilleur est la *Fontaine du Couvent*, bien ensoleillé ; prise sur nature, surtout le côté à droite où on aperçoit sous les arbres les tons bleus de la mer.

***

M. RICHTER

déploie toutes les richesses de sa palette dans une *Mandolinta*, thème connu de la sérénade ; c'est bien enlevé, la couleur en est éclatante, bien meilleure que celle de nombre d'exempts.

***

M. RUDAUX.

Qui n'a vu à toutes les vitrines les galants chasseurs de M. Rudaux ? Quoique manquant de vigueur, ces sujets, très connus du chasseur achetant un lièvre ou un lapin domestique pour ne pas revenir *bredouille*, ou courtisant une jeune paysanne, tandis que le père fait des gestes furibonds, sont toujours regardés ; mais il ne faudrait cependant pas refaire si souvent le même sujet.

***

M. SCHUTZRENGBEER

lui, varie ses sujets. Ici, c'est un *Cavalier* antique sortant de l'onde sur un coursier plein de fougue ; plus loin encore, une *Batelière du Rhin*, par un effet de transparence très étrange, ou bien une *Amazone*, tous trois d'un dessin très serré et correct.

***

4

XVII.

M. TOULMOUCHE

a donné naissance à toute une famille d'artistes imitateurs,
qui, depuis quelques années, peuplent les expositions de petites
femmes bien habillées, proprement peintes, dans des intérieurs
d'une prétentieuse coquetterie ; aussi se tient-il toujours sur la
brèche pour ne pas se laisser dépasser par des pasticheurs. Ces
tableaux deviennent tellement *léchés* qu'on ne sait si on doit plus
admirer son paravent japonnais que les femmes endormies auquel il sert de fond.

M. SAINTIN

est un des plus habiles dans cette école de petits maîtres manié-
rés. Sa *Blanchisseuse de fin* est trop coquette, trop élégante,
trop prétentieuse aussi est sa *Toilette du Rosier;* Seule, la *Solitaire*,
une femme en noir sur un banc de pierre conserve ce cachet de
simplicité et de distinction que nous avions vu souvent dans les
tableaux de cet artiste.

M. BERNE BELLECOUR,

après son *Coup de Canon* de l'an dernier, a conquis une place
qui l'oblige à progresser ; aussi, cette année, trouve-t-on plus
ordinaire, malgré des qualités réelles, son *Prétendu*, un soldat
de Sambre-et-Meuse, reprenant l'éternelle scène d'Hercule et
Omphale, et bien banale de pose et de tournure la femme,
blanc sur blanc, qui vise au trompe-l'œil sans y arriver.

M. DE BEAUMONT

non plus n'obtiendra pas le même succès avec ses deux tableaux trop gris qu'avec ses petites femmes si pimpantes, ses fonds si originaux des années précédentes.

———

M. DE BOUCHERVILLE

a trouvé un sujet très plaisant, une jeune villageoise servant le dîner de ses maîtres, personnages très cossus, à voir leurs riches costumes, a laissé choir le poulet rôti et se laisse tomber à son tour, glissant sur le parquet ciré ; le maître rit de bon cœur de cette glissade imitée des tableaux de Pater ou de Fragonard ; mais la maîtresse est vivement inquiète du sort de son rôti si appétissant. Jolie scène rendue avec entrain.

———

Mme BROWNE

devient de plus en plus sobre de détails ; rien n'est plus simple et plus large à la fois que ses *Coptes dans la Haute-Egypte.*

———

M. PIERRE BILLET

tient à la fois de M. Jules Breton et de M. Millet, et les imitations deviennent meilleures que les originaux. Les fraudeurs de tabac, conduisant sur une longue plaine de neige leurs chiens armés pour le combat, sont d'un bel effet. De même que si on peut reprocher à son autre tableau une lumière trop également dispensée, une composition trop banale, la facture solide, la vérité des types rachètent ces défauts.

———

M. CABAILLOT LASSALLE

a eu l'ingénieuse idée de faire faire à plusieurs artistes la réduction de leurs tableaux et a pris ces charmantes petites esquisses pour fond de ses figures ; MM. Weyrassat, Corot, Browne, ont dignement collaboré à cette œuvre ; mais la collaboration a tué le sujet principal ; on ne voit que les cadres du fond et les figures principales s'éteignent devant ces dessins.

M. CARAUD,

fidèle à ses premiers amours apporte consciencieusement chaque année les mêmes petites femmes, très gracieuses, très élégantes, très bien peintes : seulement cela fini par tourner au moulage, au cliché à force d'être toujours pareil.

Une très patiente étude de

M. FEYEN PERRIN.

D'innombrables pêcheurs et pêcheuses, plus jolis que nature, remuent, se pressent sur la plage de Cancale ; peints avec un soin digne de Breughel de Velours, et ils ont de plus que les figures de ce peintre minutieux, le mouvement et la lumière.

Le *Louis XVI dans sa forge* de

M. FICHEL

a mis, pour venir dans son atelier de forgeron, un costume qui semble plus fait pour l'ouverture des Etats ou une cérémonie de cour que pour forger et limer des serrures.

Les *Francs-Tireurs* de

M. JAZET

sont, eux aussi, trop propres et trop bien peints ; s'il est vrai que la forêt est si bien peignée, ils n'ont pas eu à déchirer leurs costumes mélodramatiques.

M. OMER CHARLET

expose cette année des types de jeunes pêcheurs de l'île d'Oléron. Ces petits enfants, en costumes très sommaires, semblent plutôt des souvenirs d'Italie, tant leur couleur est chaude et brillante.

Bien dessinés, bien posés ; rien de gracieux et de vivant comme leurs expressions. Le portrait du père Letellier, du même auteur, est l'antithèse de cette gracieuse peinture ; très large, très enlevé, prouve que l'artiste peut passer du gracieux au sévère avec le même bonheur.

XVIII.

Nous n'en finirions pas s'il nous fallait passer en revue l'armée innombrable des portraits. Citons seulement encore le portrait de *Mon grand'père*, de Bouheau Lepage, un chef-d'œuvre ; le *Frère Jean*, de M. Dugasseau, œuvre savante d'un artiste habile et consciencieux ; le portrait de Mlle Unternaher, peint dans la manière de Rembrand, d'un beau modelé ; le portrait de Mlle Judic, de M. Pirot Normand, et oublions trop de figures grotesques, de poses communes, peu intéressantes en dehors du cercle de la famille et des amis venus au Salon pour juger de la ressemblance.

—

Nous pourrions continuer encore longtemps cette revue des kilomètres de peinture, chaque jour parcourus en vain par nous pour chercher le grand art ou la nouveauté ; nous n'y avons trouvé qu'une grande habileté d'exécution pour laquelle partout l'art est sacrifié. De tous les Salons, il sera resté un succès, une toile à sensation ; de celui-ci, il ne restera que le souvenir d'une peinture nette, correcte, proprette, d'une moyenne de médiocres sujets qui ne détonnent ni par le choix, ni par la manière de leurs toiles ; d'art, de grand art, néant !

Résultat trop facile à prévoir avec les entraves, les demi-mesures dont l'art depuis quelques années subit la pression. A quoi bon un jury si les exempts peuvent présenter toutes les inepties, toutes les toiles les plus ridicules ? Parce qu'un artiste a produit un bon tableau dans sa vie, s'ensuit-il pour cela qu'il soit exempt d'erreurs, de défaillances, et si vous admettez en principe que cette récompense est acquise par le fait d'une médaille, pourquoi multiplier le nombre de toiles et permettre d'envoyer trois tableaux sans discussion, sans examen ?

Croyez-vous que le public et même l'artiste ait intérêt à voir et à montrer ainsi trois tableaux qui n'ont rien à enseigner, rien apprendre ?

Mais nous nous trouvons en face d'un dilemme irréfutable que personne encore n'a voulu aborder franchement :

Ou l'exposition est une récompense et un brevet de capacité au baccalauréat ès-art ; alors toutes les sévérités du jury sont nécessaires, trois ou quatre cents tableaux seulement peuvent être admis, les autres refusés, en donnant des boules noires ou des boules blanches et le motif public de l'exclusion ;

Ou c'est une vaste scène où tous les jeunes talents sont appelés à se faire jour, à se faire connaître à leurs risques et périls, jouissant des mêmes droits, des mêmes priviléges, auxquels l'État donne une large libérale hospitalité ; restreignant à un seul le nombre de tableaux à présenter, n'éliminant que les sujets inconvenants, les charges, ou les tableaux ridicules. L'Exposition, croyez-le bien, ne serait guère plus nombreuse que cette année et aurait un aspect plus agréable ; car on ne verrait pas ces vides disgracieux, ces pans de murs complètement nus, qu'on a dû laisser pour contenter la puérile satisfaction de certains artistes dont le rêve est toujours d'être à la *cimaise*.

Jusqu'à ce qu'on en soit arrivé là, et cette époque n'est pas loin, nous voulons l'espérer, vous ne verrez ni originalité, ni jeunesse ; les anciens talents iront en décroissant, les jeunes ne progresseront et n'arriveront plus, car toutes les fois qu'un talent nouveau, plein de sève et d'ardeur, voudra se produire, s'affirmer, la routine et l'envie, sous forme de jury, sera là qui lui criera : on ne passe pas ! Les exemples abondent dans ce sens et nous pourrions facilement les multiplier.

Mais ne nous posons pas en Don Quichotte, ne combattons pas des préjugés qui tomberont d'eux-mêmes, et, sortant de ce long voyage, dans des salles sans fin, descendons à la Sculpture par les galeries encore bien longues où sont exposés les aquarelles et les dessins.

XIX.

L'AQUARELLE

est un art presque nouveau pour lequel les Anglais nous ont
longtemps distancés ; mais aujourd'hui leur triomphe est fini et
il nous semble impossible d'arriver à la perfection de certains de
nos aquarellistes. Au premier rang, mettons :

M. POLLET.

Nul ne peut rendre la chair avec autant de perfection, avec
ce modèle inimitable, il sait soigner ses contours, suivre ses
lignes, donner à de petites figures l'importance et le style d'une
grande peinture. Sa *andore,* dessinée avec une justesse exquise,
rappelle la source de Ingres, tandis que la *Paresse* joint à la pu-
reté des lignes une couleur des plus harmonieuses.

Après lui, M. Baron, qui eut jadis tant de succès, paraît maniéré et heurté ; il faut chercher d'autres qualités à tous les voisins de ces perfections désespérantes.

Les aquarelles de M. Barrias ne peuvent guère rendre la lumière, la couleur vive et franche, la composition magistrale de
cette frise si mouvementée que ce maître, l'an dernier, fit pour
le splendide hôtel du marquis de Westminster. Sous le ciel gris
de l'Angleterre, ces peintures étincelantes apportent un reflet
du soleil d'Italie et vont chasser le spleen dans les derniers re-
coins du palais du richissime lord.

Une *Femme japonaise* de Cortarro parvient à rivaliser de couleur avec les toiles si brillantes de cet artiste.

Deux jolis paysages de M. Ferdinand de Dartheim.

M. Hapignies se retrouve dans ses trois aquarelles du *Saut du
loup* des *Bords du Cher* et du *Pont-Neuf,* tandis que, dans ses
peintures de cette année, il ne nous paraissait plus qu'un pâle
reflet de son ancien talent.

Une très jolie aquarelle encore de M. Jacques Leman, *Molière*

posant *chez Mignard*, et deux autres dessins à l'encre de Chine,
le *Dépit amoureux*, et une reproduction de son grand tableau si
curieux de la *Réception des ambassadeurs de Siam.*

Mais à quoi bon se perdre longtemps dans des salles consciencieusement remplies d'œuvres très méritoires, mais trop souvent
désertes, il faudrait citer une fourmillière de noms, tous plus laborieux les uns que les autres ; les aquarellistes rivalisent de soin, de
netteté, de transparence de tons, de toutes les qualités aimables,
mais monotones dans leur habileté. Géricault ou Delacroix revien-
draient exposer leurs admirables aquarelles peintes d'un seul
jet, sous l'influence de l'inspiration du génie, certes, pour l'artiste, elles emporteraient toute l'admiration ; pour le public,
dont le goût est loin d'être impeccable, elles paraîtraient beaucoup moins adroites, moins *ficelées*, moins achetables que
nombre de ces petites peintures très *de vente* aujourd'hui.

XX.

Là encore c'est à qui rivalisera de fini et d'activité dans la patiente exécution de l'égrené des hachures et du trait de plus en plus correct. Citons les portraits de M. Paul Flandrin, Emile Saintain, d'une correction difficile à atteindre. Lechevallier, Chevignard, etc.

Mais, à quelques pas de là, on est vivement arrêté et impressionné par un immense fusain de M. Emile Bayard, qui s'est fait dans ce genre une réputation méritée; c'est l'apothéose des victimes de la guerre; le décrire, serait à peu près impossible, tant les figures se heurtent, se multiplient à l'infini; la composition rappelle certains dessins fantastiques de M. Doré ; le fusain poussé à ce point égale presque la peinture et n'a au moins pas les couleurs dissonantes qui frappent si désagréablement l'œil dans nombre de tableaux.

Voyez encore les fusains de M. Allongé, des paysages étudiés et colorés à l'égal des meilleures peintures à l'huile, des paysages encore de M. Bellet, très consciencieux, mais trop classiques, de M. Maxime Lalanne, qui met à exécution les principes qu'il enseigne. Un admirable intérieur de Saint-Pierre de Rome, d'une perspective étonnante de M. Nalet, et, après avoir traversé l'architecture ou nombre de lavis fort estimables pourraient intéresser les curieux moins lassés de peinture, entre autres les dessins archéologiques de M. Rohault de Fleury, le *Latran au moyen-âge*, et descendons enfin dans le jardin respirer loin de cette atmosphère empoussiérée, de cette peinture sans nombre dont, malgré toute notre bonne volonté, nous n'avons pu donner qu'un faible aperçu.

XXI.

LA SCULPTURE.

Au milieu des massifs de fleurs, de rosiers, d'azalées, de pétunias, de pensées, de tous les produits de la flore des pays lointains comme du nôtre, se dressent encore une réunion nombreuse de statues, de groupes qui témoignent une fois de plus les immenses progrès du goût artistique en France.

Après avoir quitté l'atmosphère empoussiérée des galeries de peinture on vient avec bonheur respirer ces émanations printanières, s'asseoir en face de quelque statue gracieuse ou historique, la regarder et l'étudier.

Le plus difficile est d'en trouver une parfaite, qui ne soit pas une imitation plus ou moins réussie de l'antique. Hélas! après les modèles d'une désespérante perfection, laissés par la Grèce antique, comment oser aborder encore les classiques divinités de l'olympe, comment encore suivre les sentiers rebattus de la mythologie païenne? Il vaut mieux faire du nouveau, et ceux-là seulement qui sortent de la route frayée, voient leurs efforts couronnés de succès.

C'est là un des nombreux mérites de M. Mercié, justement honoré de la médaille d'honneur.

Son groupe plein d'un patriotique élan est intitulé *Honneur aux Vaincus;* une femme aux formes puissantes, au geste héroïque, soulève et emporte dans ses bras le pauvre soldat, à peine sorti de l'enfance, qu'elle a recueilli blessé et vaincu sur le champ de bataille; composé avec une science irréprochable; ce groupe, de quelque côté qu'on le regarde, satisfait et retient l'artiste, il sort de la banalité de convention et y joint les qualités réelles d'un grand art et d'une dramatique composition.

Près de lui la charmante statue de M. d'Epinay, *la Ceinture dorée* a vu pâlir les adorables recherches de finesse et de distinction qui attiraient devant elle le public élégant. Rien de joli et de trouvé comme le gracieux mouvement de cette jeune fille aux formes svelles et élancées, essayant cette ceinture dont l'or mat tranche sur la blancheur du marbre. C'est du reste une innovation fort à la mode de mêler ainsi la couleur à la sculpture.

M. Cordier a, depuis quelques années, adopté ce genre, et cette année sa *Joueuse de Luth* Éthiopyenne réunit à des formes pleines d'une vérité et d'une étude très remarquable les brillantes couleurs d'émaux de toutes nuances, costume, luth, coiffures et ornements, tout est émaillé, et le bronze conservant ses reflets dorés rend parfaitement les nuances chaudes et colorées du derme oriental.

A côté de ces succès, quand nous aurons cité le buste de M. Alexandre Dumas fils, de M. Carpeaux, un chef-d'œuvre d'expression, de M. Hiolle, le monument funéraire dont M. E. Barrias a fait les figures, plein d'élégance et de style, chose difficile à rallier, mais écrasées par le socle monumental qui permet à peine de les voir, nous ne commettrons pas l'imprudence d'entreprendre le dénombrement de cette suite formidable de bustes d'une ressemblance frappante disent les auteurs qui sollicitent les louanges du public.

Pas plus que nous n'essàierons dans ces articles écrits au jour le jour de nous perdre dans des considérations esthetiques sur l'uniformité d'impression produite par toutes ces statues plus ou moins habillées ou le travail du praticien l'emporte trop souvent sur l'inspiration de l'artiste.

Nous ne pouvons que conseiller au public de venir comme nous s'asseoir au milieu de ces fleurs si belles et si fraîches, dont les éclatantes couleurs font ressortir les marbres et les bronzes comme les élégantes toilettes des femmes innombrables qui viennent admirer, il faut l'avouer, bien plus peut-être la création des jardiniers que celle des artistes.

Voilà donc notre tâche de critique terminée, et c'est avec joie que nous quittons ce rôle d'Aristarque pour retourner aux anciens maîtres, pour admirer surtout la vraie et belle nature, loin de la convention, des querelles et des sophismes. Laissons les artistes, arrivés les membres de ce terrible aréopage qui a voulu tenir, cette année encore, le sceptre des arts, lutter encore même contre les bienfaits, discuter et refuser cette heureuse innovation du *Prix du Salon* qu'ils ne pouvaient s'attribuer à eux-mêmes où à leurs amis, et qu'ils repoussaient aussi énergiquement pour cette seule raison. Souhaitons qu'en présence de toutes ces mesquineries on comprenne enfin qu'un courant irrésistible entraîne chaque année plus d'adeptes vers le culte de l'art que le nombre des artistes en augmentant a produit un besoin immense de liberté, et qu'enfin dans une carrière libérale les jeunes débutants ne trouvent plus ces entraves, ces désespérantes barrières, ces luttes d'ambitions vieillies dont ces dernières années nous ont donné le désolant spectacle.

Juin 1874.

www.ingramcontent.com/pod-product-compliance
Ingram Content Group UK Ltd.
Pitfield, Milton Keynes, MK11 3LW, UK
UKHW020037100726
13658UKWH00003B/1381